UNIDOS

0   MILLAS   500

Golfo de México

RE ORIENTAL

najuato

AZTECAS

■ Tenochtitlán / Ciudad de México

PENÍNSULA
DE
YUCATÁN

MAYA

MIXTECAS

DRE

ZAPOTECAS

ISTMO DE
TEHUANTEPEC

DEL SUR

Oaxaca

CHIAPAS

MAYA

BELICE

GUATEMALA

HONDURAS

FIESTA FEMENINA

¿No estoy yo aquí, tu madre?
¿No estás bajo mi sombra y protección?
¿No soy tu cimiento de vida?
¿No estás en los pliegues de mi manto,
en el cruce de mis brazos?
¿Necesitas algo más?

Las cinco preguntas que la Virgen de Guadalupe le hizo a Juan Diego

A México, que ha compartido con orgullo y
generosidad su vibrante cultura conmigo —M-J. G.

Siempre para ti, Wendi —M. C. G.

Primera edición por Barefoot Books USA

Copyright texto © 2001 por Mary-Joan Gerson
Copyright ilustraciones © 2001 por Maya Christina González
El derecho moral de Mary-Joan Gerson a ser identificada como la autora
y de Maya Christina González a ser identificada como la ilustradora de este
trabajo ha sido asegurado.

Primera edición en español:
©2003, Ediciones Destino
Distribuidora Planeta Mexicana, S. A. de C.V.
Av. Insurgentes Sur 1898, piso 11, Col. Florida

Traducción al español: Una Pérez Ruiz
Cuidado de la edición: Rayo Ramírez
ISBN: 970-690-684-3

Las ilustraciones se elaboraron en acrílicos en papel de calidad de archivo.
Diseño por Jennie Hoare, Inglaterra
Impreso en Singapur

FIESTA FEMENINA

Celebrando a las mujeres a través de historias tradicionales mexicanas

Recopilado por **Mary-Joan Gerson**

Ilustrado por **Maya Christina Gonzalez**

Ediciones Destino

Contenido

Introducción

En la cultura mexicana lo mágico está en todas partes. Desde las cumbres más altas de las montañas de la Sierra Madre, hasta el más diminuto colibrí; todo lo que tiene vida es contemplado con un sentido de misterio y sorpresa. Esto también sucede con el folclor mexicano. En historias como la del pequeño topo que puede salvar al sol, parece que el más común de los personajes o de los sucesos puede también ser el más extraordinario y lleno de magia.

Una manera en la que las historias mexicanas representan esta cualidad mágica de la vida es a través de sus personajes femeninos. Si bien no aparecen en escena con la misma frecuencia que los hombres, las mujeres en el folclor mexicano son extremadamente poderosas. Regularmente poseen talentos o rasgos especiales que hacen posible que encaren los desafíos que se les presentan. Estos retos pueden tomar la forma de hombres descarriados, poderosos hechiceros o incluso el mismo Diablo. Pero estas excepcionales mujeres, mediante su fuerza interior y creatividad, son capaces de superar cualquier cosa.

Las historias que aparecen en *Fiesta femenina* fueron seleccionadas porque presentan personajes femeninos únicos y celebran los aspectos extraordinarios de las mujeres mexicanas. La fuerza de estas mujeres la encontramos en la joven Rosha en "Rosha y el Sol," que salva a su pueblo condenado a la oscuridad eterna y la inteligencia en la Luna que engaña al sol cuando quiere hacerla suya en "Por qué la Luna es libre". Una figura única para el pueblo mexicano es la Virgen de Guadalupe, pues su profundo amor los protege cuando nadie más puede hacerlo. Y cuando se trata de valor, las mujeres mexicanas son las más valientes. Blancaflor y Verde Ave muestran un enorme coraje cuando luchan contra la opresión para estar con el hombre que aman.

También incluí varias historias que examinan la complejidad de las mujeres, su habilidad para encarnar las oposiciones y los contrastes de la vida mexicana. Malintzin es uno de los personajes más controvertidos y misteriosos de la tradición mexicana. En esta versión, es a la vez la traidora y protectora de su pueblo y de este modo revela los muchos aspectos que las mujeres pueden presentar cuando se les obliga a participar en los asuntos de los hombres. Tangu Yuh y la Diosa Hambrienta también son personajes complejos,

se entregan por completo al mundo que habitan. La historia de Tangu Yuh también enfatiza la importancia de las mujeres en el ámbito del comercio y en especial, la de las mujeres de la comunidad zapoteca de Tehuantepec, donde han controlado las finanzas y el comercio y han ocupado posiciones estratégicas en el gobierno local por muchos años.

Para ofrecer una mejor perspectiva de la mujer en el folclore mexicano, he tomado estas historias de algunas de las ricas tradiciones culturales mexicanas. Los mayas y los aztecas, los dos grupos indígenas más célebres históricamente, están representados por los cuentos de "Rosha y el Sol" y "La diosa hambrienta." El cuento de la princesa Verde Ave es uno de los favoritos de los mixtecos, que viven en el suroeste de México. Y el pueblo yaqui del noroeste celebra a las mujeres en "Por qué la Luna es libre." En las historias en los que no indico el origen particular de la historia, es porque forma parte de las leyendas de diversos lugares y ningún grupo puede reclamarla como propia. Algunas otras, como "Blancaflor" y "La Virgen de Guadalupe," revelan una mezcla de cultura prehispánica y la influencia de los españoles, quienes, comandados por Hernán Cortés, invadieron México en 1519.

7

Pero, ¿cómo vemos reflejadas estas historias en las vidas de las mujeres mexicanas de hoy? Las vemos en la fuerza de una mujer campesina, que se levanta cada día a hacer tortillas, el elemento principal de la dieta familiar. Lo vemos en la dedicación e inteligencia de las universitarias y profesionistas, a medida que más y más mujeres culminan sus estudios y se incorporan a la población asalariada. Y sobre todo, las vemos en el poder colectivo de las mujeres mexicanas, que están formando grupos como las cooperativas de costureras en Chiapas y Guanajuato, y los centros de salud en Oaxaca, para alcanzar siempre mejores niveles de vida. Por todo el territorio mexicano, las mujeres están siguiendo modelos e ideales como los de estos cuentos. Parece que todas ellas, como la Diosa Hambrienta, tienen un hambre nueva: reclamar su lugar como las fuerzas dadoras de vida del mundo mexicano.

Mary-Joan Gerson

Rosha y el Sol

En un pueblo ubicado en lo profundo de las verdes y lozanas colinas mayas vivían unos hermanos, llamados Tup y Rosha. Como muchos niños de la altiplanicie maya, tenían mejillas sonrosadas y cabello negro. La cabellera de Rosha era especialmente abundante y brillosa y caía como tallos de maíz hasta sus pies.

Sus padres siempre estaban ocupados sembrando maíz en sus tierras, por lo que Rosha y Tup se quedaban solos con frecuencia. Cuando ambos eran muy pequeños, Tup era quien inventaba todos los juegos que jugaban. Pero cuando crecieron, Rosha tenía sus propias ideas y a veces le gustaba jugar sola. Esto hacía que Tup se enojara mucho. Nada lo divertía tanto como obligar a su hermanita a hacer lo que él quería.

Un día, durante la temporada de cosecha, sus padres fueron al pueblo a vender el maíz sobrante. Era un día de mucho calor, pegajoso, y todos los vientos quedaban atrapados detrás de la cortina de árboles de la montaña. Rosha salió a solas para sumergir sus pies ardientes en el burbujeante arroyo que quedaba detrás de la casa.

Tup, solo en la casa, sintió cada vez más calor y se puso cada vez más furioso. Miró la llameante bola roja del sol en el cielo y pensó que su hermana seguramente estaba refrescándose por ahí cerca:

—Voy a inventar un juego que será especial y más maravilloso que cualquiera de los que Rosha ha inventado —se dijo—. Voy a atrapar al sol, y Rosha me va a ayudar, ¡lo quiera o no!

Y así lo hizo. A la mañana siguiente, mientras Rosha dormía, Tup se acercó a ella sigilosamente. Llevaba el machete que su padre usaba para cosechar los elotes. Los ojos de Rosha estaban completamente cerrados y su larga cabellera negra caía desde la almohada hasta el piso. Sin hacer ruido y con toda rapidez, ¡Tup dio un machetazo y cortó todo el pelo de Rosha!

Ella despertó y se frotó los ojos. Trató de sacudirse el polvo y el rocío matinal de su pelo, pero no había nada que sacudir. ¿Dónde estaba su cabello? Entonces vio a su hermano en la esquina de la habitación sonriéndole maliciosamente.

—¡Mi pelo! —gritó—. ¿Qué le hiciste a mi pelo?

Tup comenzó a dar saltos de entusiasmo. —Hice una red para atrapar al sol —se rió.

Rosha salió corriendo de la casa, con los ojos ardiendo por las lágrimas. Cuando llegó a la orilla de la selva, vio que todo lo que Tup decía era cierto. Ahí estaba el sol, chisporroteando luz y calor, enredado y atrapado en su pelo.

—¡Necio! —le gritó a su hermano—. ¡Tonto! Ahora nunca veremos crecer el maíz de nuevo. Estaremos friolentos y débiles de la mañana a la noche.

—Eso te enseñará a no tratarme mal —reía Tup.

Rosha trató de liberar al sol de todas las maneras posibles. Jaló y tiró de la red tejida con su cabello. Pero sus manos se quemaron con las feroces llamas solares y sus mejillas se chamuscaron con el radiante calor.

Rosha corrió a la selva para pedir ayuda. Primero se encontró con un venado que masticaba hojas.

—¿Me ayudarás a liberar al sol? —le rogó.

—Oh, no puedo abandonar la selva durante el día. No es seguro para mí —dijo el venado. Rosha corrió y se encontró con un guajolote silvestre que estaba haciendo su gran nido.

—Por favor, señor guajolote, ayúdeme a liberar al sol. Está atrapado y se va a morir.

—No seas tonta —masculló el animal—. El sol es demasiado grande para ser capturado por mucho tiempo.

Agotada y desilusionada, Rosha se sentó bajo un árbol de caoba, temblando en la fría y oscura mañana. Un pequeño topo se le acercó.

—¿Por qué lloras? —le preguntó.

—Estoy tratando de liberar al sol para que podamos volver a sembrar —dijo ella—. Y nadie tiene el valor para ayudarme.

—Yo soy muy valiente —dijo el topo muy seguro—. Te ayudaré.

Rosha sonrió en medio de sus lágrimas y acarició la cabecita del topo, asombrada por lo valiente que podía ser una criatura tan pequeña.

—Oh, señor topo, estoy convencida de que es muy valiente, pero una criatura tan pequeña como usted difícilmente podría ayudarme a liberar al enorme sol.

Al darse cuenta de que el pequeño topo temblaba de frío, Rosha lo tomó y lo envolvió en su rebozo.

El topo se acurrucó y los rítmicos pasos de la niña pronto lo hicieron quedarse dormido. Entonces tuvo un sueño maravilloso. En el sueño él era un poderoso héroe, más grande y fuerte que cualquier otro animal de la selva.

Después de un rato, Rosha vio la deslumbrante y chispeante luz del sol atrapado. Cuando llegó hasta él, el topo saltó de su rebozo. Lleno de la energía por su sueño, trepó por las hebras del pelo de Rosha y saltó sobre ellas para cortarlas con sus dientes afilados. El valiente topito saltaba de arriba abajo, mordiendo una y otra vez. Era tan veloz que antes de que el sol pudiera quemar sus patas o su hocico, ya había desatado todas las hebras de la red del cabello de Rosha.

Entonces, con una gigantesca llamarada, el sol salió de la red y flotó de regreso hacia el cielo.

Desde lo alto, el sol agradecido bañó con su luz a Rosha y al pequeño topo. Luego, su voz atronadora sonó en el profundo y verde valle. Estas fueron sus palabras:

—A ti, topo, te prometo un refugio seguro en la selva. De ahora en adelante, podrás vivir debajo de la tierra, donde ninguna criatura podrá hacerte daño.

—Y a ti, mi niña Rosha, que salvaste mi luz para todo el mundo, te prometo esto: tus ojos y los ojos de todas las mujeres mayas, brillarán con mi luz dorada por siempre.

El sol cumplió su promesa. Si observas cuidadosamente, alguna vez podrás ver un topo deslizándose por un profundo agujero en la tierra en cuanto hay peligro. Pero no tienes que ser tan observador para ver la luz que centellea en los ojos de las mujeres mayas dondequiera que estén. Gracias a la valentía de Rosha, la luz brillará en sus ojos por siempre.

La Diosa Hambrienta

En el tiempo antes de los albores, los dioses aztecas vivían en los cielos. Allá muy alto, donde los dioses vivían, no había más que aire vacío; no había firmamento, no había tierra. No había aves, ni nubes, ni brisas. Abajo sólo había agua. Había agua por todas partes. El agua se evaporaba en el verano y se congelaba en invierno y salpicaba en medio de las estaciones. Todo estaba mojado y lodoso.

Entre los dioses que ahí residían había una diosa. Su nombre era la Diosa Hambrienta, tenía ojos y bocas por todo su cuerpo. Tenía bocas y ojos en la espalda, en los dedos de las manos, incluso en los de los pies, ¡por todos lados! Siempre estaba hambrienta, siempre queriendo comer. Gritaba una y otra vez:

—¡Tengo hambre, tengo hambre!

En la mañana gemía: —Tengo hambre.

En la tarde gritaba: —Tengo hambre.

Y lo peor era que toda la noche gemía y gritaba: —¡Tengo hambre!

Los demás dioses no podían soportar el escándalo. No podían dormir. No podían pensar. —¿Qué podemos hacer? —se preguntaban. Tlaloc, el dios de la lluvia y del relámpago, tuvo una idea: —Le presentaremos nuestro problema a Quetzalcóatl y Tezcatlipoca, los más poderosos de nosotros. Seguramente ellos sabrán que hacer.

Fueron todos ante los dos dioses más poderosos y rogaron:

La Diosa Hambrienta

—Ayúdennos, por favor. No podemos dormir, no podemos pensar. Deben impedir que ella siga gimiendo día y noche.

Quetzalcóatl también era conocido como la Serpiente Emplumada porque vestía plumas de todos los colores y llevaba una vara mágica en forma de serpiente. Usaba una máscara con la cara de un águila. Desde el pico del águila podía soplar vientos por todo el mundo.

Tezcatlipoca llevaba cascabeles de serpiente alrededor de las piernas. En su pie tenía un espejo negro mágico ¡en el que podía ver todo lo que pasaba en cualquier parte!

Quetzalcóatl y Tezcatlipoca hablaron y hablaron. Era primavera y decidieron que llevarían a la Diosa Hambrienta abajo, al agua. Después de todo, no parecía que fuera feliz viviendo entre ellos en el aire ligero y vacío sobre el mundo. Quizás el sonido de las olas rumorosas la tranquilizaría.

Así, Quetzalcóatl puso a la Diosa Hambrienta bajo su ala gigantesca. Tezcatlipoca ató los cascabeles de sus piernas alrededor del cuerpo de la diosa para impedir que escapara y ambos bucearon hasta la orilla espumosa de la corriente de agua.

—¡Tengo hambre! —gritaba—. ¡Tengo hambre!

La Diosa Hambrienta

Los dioses depositaron suavemente a la Diosa Hambrienta en el agua para que se acostumbrara a su fría y salada superficie. Ella se quedó muy quieta. Flotaba y chapoteaba y parecía bastante contenta.

Los dioses dijeron: —Ah, es muy feliz aquí. Seguramente se le quitó el hambre. Pero no era así. De inmediato comenzó a gritar de nuevo: —¡Tengo hambre! El escándalo era insoportable para Quetzalcóatl y Tezcatlipoca.

Quetzalcóatl sopló el agua a la derecha y a la izquierda, arriba y abajo. Buceó en las profundidades del agitado mar, tratando de encontrar algo que la Diosa Hambrienta pudiera comer, pero no había nada de nada. Tezcatlipoca exploró la orilla del agua por cientos de kilómetros buscando un signo de vida, pero no encontró ninguno. El mar era frío, inquieto y profundo, pero vacío.

Quetzalcóatl y Tezcatlipoca estaban muy preocupados:

—¿Qué van a pensar los demás dioses si ella regresa tal como vino? —se preguntaban—. Nos pidieron que resolviéramos este problema por ser los más poderosos. ¡No podemos fallar!

La Diosa Hambrienta

De modo que Quetzalcóatl y Tezcatlipoca se transformaron en enormes serpientes y se enroscaron en el cuerpo de La Diosa Hambrienta.

—Estiraremos su cuerpo hasta que ya no sienta hambre —pensaron.

Apretaron y tiraron, pero la diosa era muy fuerte y luchó contra ellos sin descanso. Los relámpagos centelleaban en el cielo y el océano rugía y se estremecía con su pelea. Era el desafío más complicado que los dioses hubieran enfrentado. De pronto, por accidente, la partieron a la mitad.

Todo quedó en silencio. Quetzalcóatl y Tezcatlipoca se miraron, impactados. ¿Qué habían hecho? ¡Habían destruido una diosa! ¡La habían partido a la mitad! Quetzalcóatl tomó la mitad inferior de la Diosa Hambrienta y Tezcatlipoca la superior; ambos llevaron de regreso los pedazos a los cielos.

Llamaron a los demás dioses y les dijeron:

—Hermanos, miren lo que hicimos, ¡es terrible!

Primero, los dioses se taparon los ojos, horrorizados. Luego, uno de ellos dijo…

15

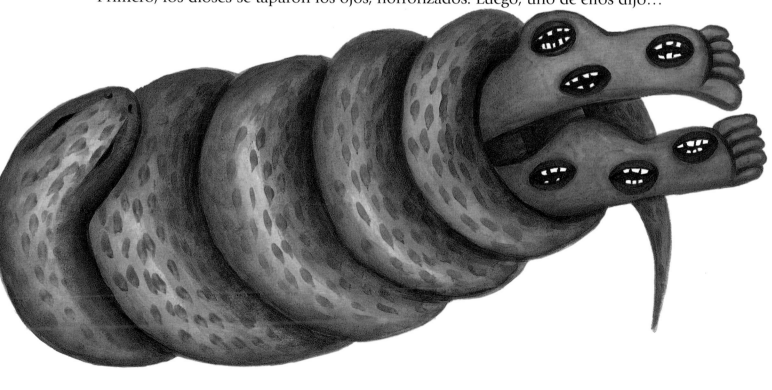

—Tengo una idea, usemos la mitad inferior de su cuerpo para hacer una cubierta para el mundo —. Y así se creó el firmamento.

Entonces los dioses se quedaron mirando la parte superior del cuerpo de la Diosa Hambrienta.

—Pobrecita. Miren qué cara tan triste tiene.

—¿Qué podemos hacer? si pudiéramos hacerla feliz —dijo otro.

De repente, los dioses tuvieron la respuesta. Decidieron que todo lo necesario para la vida humana saldría del cuerpo de la Diosa Hambrienta. Transformaron su cabello en una selva rebosante de animales y sus ojos en praderas. Su boca se convirtió en ríos y arroyos llenos de peces y sapos. De su piel brotaron pastos y flores. En su nariz se formaron cuevas. Sus caderas se transformaron en montañas y su vientre en valles.

La Diosa Hambrienta se volvió la Madre Tierra, la tierra en la que vivimos todos. Los dioses suspiraron aliviados:

—Ah, debe ser muy feliz. ¡Qué buen trabajo hicimos!

Sonrieron y se felicitaron uno al otro. Pero se habían adelantado a los hechos. No sabían cuán hambrienta estaba realmente la diosa. Paulatinamente, desde la cumbre de las montañas y luego más alto, desde el interior de las cavernas; y mucho más alto, desde los rincones más oscuros de la selva, retumbó el gemido que decía:

—¡Tengo haaambre, tengo haaambre! —Sin detenerse ni un momento.

Hasta hoy, la Diosa Hambrienta, la Madre Tierra, sigue muy hambrienta y sedienta. Sabe que los mares están llenos y los bosques espesos de tantos árboles, pero su estómago se siente vacío. Cuando llueve, se bebe toda el agua. Cuando la arena cae en el océano, se la come. Cuando las hojas caen y se pudren, se las traga todas. Cuando cualquier cosa cae en la tierra, ella lo devora. Siempre está famélica.

Algunas veces, cuando la noche es muy quieta y el mundo está profundamente dormido, si escuchas con atención, podrás oír el grito de la Diosa Hambrienta…

—¡Tengo haaambre, tengo haaambre, tengo haaambre!

Clama sin parar, comiendo, bebiendo y creando la tierra mientras descansamos en nuestras camas.

17

La Leyenda de Tangu Yuh

En Tehuantepec, muy al sur de México, hay un juguete que se hace especialmente para el Año Nuevo: una pequeña figura de barro de la diosa Tangu Yuh. Está vestida igual que las mujeres zapotecas que viven en Tehuantepec, lleva una amplia falda con holanes sobre una enagua blanca plisada y un huipil con brillantes bordados. Sus trenzas, entrelazadas con listones de colores, están reunidas en lo alto de su cabeza como una corona. Sus ojos son negros y relucientes, sus labios rojos como jitomates y sus brazos se extienden como para acercarte a ella.

¿Sabes por qué Tangu Yuh es especial para el pueblo de Tehuantepec en el día de Año Nuevo? Porque una vez, hace mucho tiempo, ella los visitó en esa fecha. En aquella época, todos los zapotecas vivían juntos y muy felices. Se ayudaban en todo, desde la siembra hasta la construcción de sus casas.

Su tierra siempre estuvo dividida en tres partes: norte, centro y sur. Hoy en día, como en aquel entonces, las mujeres del norte tejen hermosas telas que bordan con hilo de seda.

Los hombres de esa zona eran famosos cazadores de iguanas, venados y jabalíes.

La gente del sur eran los artistas de Tehuantepec. Hombres y mujeres trabajaban el barro y la madera, en la que modelaban recipientes y también tambores y flautas, que tocaban toda la tarde.

La Leyenda de Tangu Yuh

En la región central de Tehuantepec estaban los comerciantes. Las mujeres dirigían los mercados. Y eran los hombres los que llevaban los tejidos y las pieles de sus vecinos a las tierras altas de las montañas. Ahí intercambiaban esa mercancía por recipientes de barro verde vidriado y jícaras labradas que le gustan mucho a los zapotecos.

En general, los zapotecos vivían en paz y cooperación mutua. Pero siempre hay problemas, incluso en el paraíso. El problema para los zapotecos era que nadie en Tehuantepec se sentía realmente especial. Los alfareros del sur pensaban con frecuencia…

—Nuestras vasijas son bellas, pero también lo son los tejidos de nuestros hemanos del norte.

La gente de la región central se decía:

—¡No entiendo! ¿Por qué tenemos que viajar tan lejos para comerciar con lo que hacen nuestros hermanos y hermanas? ¿Acaso somos sus sirvientes?

Pero en los cielos, los dioses estaban más que satisfechos con la armonía y tranquilidad que reinaba en Tehuantepec. Desde sus alturas, no podían ver los

oscuros pensamientos y las sensaciones de enojo en las mentes y corazones de la gente. Los dioses decidieron que los zapotecos debían verse bendecidos con la visita de uno de ellos y eligieron a Tangu Yuh como representante.

Entonces algo increíble le sucedió al pueblo de Tehuantepec en la víspera del Año Nuevo. Justo cuando los niños daban vueltas en la cama, y sus padres, recién levantados, se desperezaban para preparar el desayuno, un resplandor de relámpagos atravesó el cielo. Pero en lugar de oírse el trueno, que usualmente suena durante las tormentas, una música celestial llegó a la tierra. De pronto, extrañas criaturas con alas gigantescas de plumas de plata llenaron el cielo, tocando trompetas y palos de lluvia. Una voz mágica hizo eco en el firmamento y anunció que una diosa quería visitar al pueblo más feliz de la tierra.

¡Era Tangu Yuh! Se veía tan hermosa, con su ondeante cabello oscuro y su reluciente falda de terciopelo. ¡Mágicamente hermosa! Era tan bella que nadie podría describirla.

Los habitantes de la región del norte estaban sorprendidos de ver que la diosa traía puesto un vestido como los que ellos usaban en sus fiestas. Pero el de Tangu Yuh brillaba como oro y sus colores eran vivísimos. La rodearon, estudiando el diseño de su traje para grabarlo en su memoria. Si lograban reproducirlo, ¡lucirían espectaculares! Era una locura.

Por los valles y colinas, las trompetas anunciaron a los de la región del centro que era su turno. Tangu Yuh voló por el cielo del valle para llegar hasta ellos. ¡No podían creer que la diosa les hablara en su propia lengua! ¿Qué verdad celestial podría decirles acerca de sus actividades comerciales? Si escuchaban el consejo de una diosa, ¡se volverían el pueblo más rico de la tierra! Todos los de la región del centro, hombres y mujeres, le hacían preguntas a gritos a Tangu Yuh al mismo tiempo. Un tremendo barullo se elevaba hacia el cielo. Nadie podía oír nada.

Finalmente, la diosa descendió sobre la región sureña. Sus habitantes corrieron a reunir sus instrumentos musicales para poder recibir a la diosa con trompetas resonantes y melodías celestiales. Se reunieron en el centro del pueblo y tocaron con todas sus fuerzas. ¡Seguramente, Tangu Yuh se daría cuenta de que los habitantes

de la tierra podían hacer música como los mismos dioses! Algunos soplaron tanto en sus flautas que acabaron desmayándose. Algunos golpearon sus tambores con tal ímpetu que las baquetas se partieron por la mitad. Se formaron en procesión y marcharon hacia el centro. Todo era un desastre.

—¡Mira! Ahí vienen los del sur, tocando música— decían los del centro y el norte —. ¿Por qué se tardaron tanto?

Viendo la confusión y el desorden que había causado, Tangu Yuh se preguntó:

—¿Y ésta es la tierra de armonía y paz que vine a alabar? —. Estaba muy desilusionada y molesta. Reunió a los seres celestiales y volaron directamente hacia las nubes.

Cuando los de la región del sur llegaron donde sus vecinos, la diosa ya había regresado a los cielos.

Los sureños se sentían miserables. Apenas habían visto a Tangu Yuh antes de que desapareciera y acribillaron a sus vecinos con preguntas…

—¿Cómo era? ¿Cómo eran sus ojos? ¿Y su voz? ¿Qué les dijo?

Pero los norteños habían estado tan concentrados en copiar el diseño de su traje que en realidad no habían observado bien a Tangu Yuh. Y los del centro le habían hecho tantas preguntas que nunca se enteraron si las había contestado o no.

El desaliento reinó en Tehuantepec. Los telares callaron y los hornos de barro se quedaron vacíos. Los zapotecas, normalmente risueños y cantarines, estaban cada vez más tristes. Esperaron y observaron el cielo durante muchos días, deseando que Tangu Yuh retornara. Pero no lo hizo, así que todos volvieron a su trabajo. Los norteños a hilar, pero sus telas eran ahora un poco más bellas luego de haber visto a Tangu Yuh. Los del centro siguieron comerciando, pero fueron un poco más justos porque se sentían bendecidos por la diosa. Y los habitantes del sur crearon una canción, con una suave y triste melodía y se la enseñaron a los del centro y el norte:

Diosa de la tierra,
¿Qué no hubiera dado por ver tus ojos?
¿Qué no hubiera dado por ver tus ojos?
¡Diosa de la tierra!

El tiempo pasó y la gente ya no le hablaba de la diosa a sus hijos. Era como si hubiera sido un sueño, flotando en la noche. Pero cada año, en la noche de Año Nuevo, todos se reunían y cantaban la canción de Tangu Yuh lenta y tristemente.

En los cielos, los dioses oían la canción y observaban a los habitantes de Tehuantepec. Notaron que los del norte hilaban telas para todos. Notaron que los del centro comerciaban con todos sus vecinos. No estaban convencidos de que otra visita de Tangu Yuh sería diferente. Pero Tangu Yuh sí lo creía. —Permitamos que mantengan la esperanza —dijo.

Así que una vez, a la mañana siguiente del Año Nuevo, cuando nadie lo esperaba, la música de las trompetas celestiales sonó en todas las plazas y una voz atronó en el centro de cada poblado:

—¡Tangu Yuh! ¡Tangu Yuh! —decía.

Y el eco de esa voz alcanzó todos los rincones de la tierra y del cielo. ¡Qué alegría sintieron los zapotecos! Sin perder un instante, comenzaron a planear una fiesta en su honor, la más grande que pudieran imaginarse.

Desde entonces, el espíritu de Tangu Yuh está con ellos cada Año Nuevo, cuando se celebra su fiesta. Antes del Año Nuevo, los norteños comienzan a tejer ropa nueva. Los comerciantes del centro traen nuevos alimentos de más allá de las montañas. Cada año, los sureños componen nuevas canciones para los coros de Tangu Yuh. Pero sobre todo, los alfareros del sur hacen nuevas figuras de barro de la diosa, y cuando las piezas son retiradas del horno, se oye un murmullo que viene desde arriba. Todos los habitantes de Tehuantepec están convencidos de que cuando los alfareros logren capturar con realismo el rostro de Tanguh Yuh, ella los visitará de nuevo.

Cuando regrese, le tendrán lista su fiesta. Habrá una banda musical a la cabeza de una enorme procesión. Las banderolas ondearán en cada techo y las flores se desbordarán en cada balcón, en cada ventana. Habrá chocolate, pan dulce y mezcal, valses y danzones para bailar. Todo y todos festejarán a Tangu Yuh. Seguramente, ella volverá.

23

Por qué la Luna es libre

¡Oh, cuánto amaba el Sol a la Luna! Era tan pálida y adorable. El Sol se moría por hacerla su esposa.

—Eres más bella que las tenues nubes y más encantadora que la rosa más fresca. Te quiero sólo para mí —le dijo el Sol.

La Luna estaba acostumbrada a brillar en solitario por las noches y le gustaba que fuera así. Si se sentía sola, había millones de estrellas con quien hablar, los meteoros para jugar carreras con ellos y los planetas que la hacían reír.

De modo que a la Luna se le ocurrió una idea y le contestó:

—Me casaré contigo, Sol, con una condición. Debes regalarme un bello traje. Me encantan los huipiles bordados. Me gustan las blusas blancas ribeteadas con listones. Y adoro las faldas largas, que flotan en el viento nocturno. Puede ser cualquier cosa, ¡pero debe quedarme perfecto, debe ser exactamente de mi talla!

Aunque estaba cansado de calentar la tierra e iluminar el cielo todo el día, el Sol se quedó despierto toda la noche observando a la Luna, tratando de elegir el regalo. No se decidía.

—Debes lucir aún más hermosa cuando seas mi mujer —dijo el Sol—. Puedo traerte lo que quieras. Por favor dime qué te gustaría, mi amor.

Por fin decidió llevarle una falda tejida con hilo de oro y delicadas tiras de luz estelar.

—Oh, todas las estrellas envidiarán a mi nueva novia —pensó el Sol.

Pero cuando el Sol volvió a ver a la Luna, se quedó sorprendido al descubrir que no era más que una forma muy fina, una sombra apenas de su antigua figura.

—¡Ay, mi amor! —gritó—, el amor te ha quitado el apetito. Te ves tan delgada.

El Sol atravesó volando el firmamento y le pidió a su sastre personal que le metiera a las costuras de la falda para que le quedara a la nueva Luna, larga y esbelta.

Cuando volvió, Luna, que ya había engordado un poco, no pudo deslizar la falda por sus caderas.

—¡Auch! —exclamó. Y se puso azul de tanto contener el aliento y tratar de meter su ser lunar en la estrecha falda.

—La talla es completamente incorrecta. Esta falda me está exprimiendo y dejándome sin luz.

—Ay, mi amor, lo que pasa es que ahora estás un poco más rellenita, pero esta falda te va a quedar de maravilla cuando regrese —dijo el Sol.

El Sol se apresuró a cruzar las montañas y le pidió al Relámpago que le añadiera a la falda unos tablones de su luz resplandeciente para que las caderas más amplias de la Luna entraran sin problemas.

Pero para entonces, la Luna ya estaba un día o dos más gorda. Contuvo la respiración y contrajo el vientre lo más que pudo.

—¿Crees que estoy tan redonda como una tortilla? —gimió. Y al escaparse, su aliento heló la cara ardiente del Sol.

—¿Cómo pudiste pensar que esta falda me iba a quedar bien?

Durante treinta días, todo un mes, el Sol lo intentó una y otra vez, pero nunca pudo adivinar la talla exacta de la Luna. ¡Siempre cambiaba! La medía cuidadosamente para que la ropa le quedara perfecta. Pero le trajera lo que le trajera —otra falda, un sombrero o un abrigo— estaba muy pequeño, apretado o suelto en el momento en que ella se lo probaba.

Por esta razón, el Sol nunca pudo casarse con la Luna. Ahora, todos los días, justo antes de irse a dormir al cielo del oeste, el Sol observa a la Luna, que a veces está delgada, a veces redonda, con frecuencia a medio camino, pero siempre brillando con su centelleante luz plateada. Y lo único que le queda es contemplarla del otro lado del cielo cuando cae la noche.

Y cada noche, antes de acostarse, el Sol suspira larga y tristemente por su amor rechazado. Y cada noche, mientras atraviesa el cielo, la Luna ríe de placer y de alivio.

30

En lo más hondo de su corazón, Verde Ave tenía la esperanza de que su padre la perdonara algún día. Y se daba cuenta de que la maldición pesaría sobre ella por siempre. Verde Ave se tendió en su lecho de hojas recién cosechadas y apenas se movía.

Mientras, en la penumbra de su alcoba en el palacio, la madre de la princesa Kesne, Diosa Serpiente, recibió la noticia de la muerte de su esposo. Desde el destierro de su hija, Diosa Serpiente no había dejado entrar la luz del sol para calentar su cuerpo. No había vuelto a abrir las ventanas a los olores y sonidos de la tierra.

Antes de la muerte de Gran Jaguar, Diosa Serpiente visitó a los magos muchas veces para pedirles pociones que le devolvieran a su hija, pero siempre la habían rechazado. —Una princesa que abandona a su familia está más allá de nuestras capacidades mágicas —le decían—. Pero la verdad era que temían a la cólera de Gran Jaguar.

Ahora que Gran Jaguar se había ido, Diosa Serpiente volvió a la cámara de los magos. Y en esta ocasión, sin nada que temer, revelaron el secreto del encantamiento de Kesne y le dijeron a la reina que Tidacuy seguía esperando a la princesa, pues su amor por ella era tan fuerte como antes.

Con estas noticias alegrándole el corazón, Diosa Serpiente siguió una bandada de coloridos tucanes que la condujo a donde estaba la princesa Kesne. Cuando en lo profundo de la selva encontró a su hija, se arrodilló a su lado y dijo:

—Kesne, hija mía, vine a buscarte porque tu cruel castigo no dejaba de atormentarme. Ahora, los magos del palacio me han dicho cómo puedes convertirte otra vez en mujer, pero es peligroso revertir la magia de los dioses. Los hechiceros tienen miedo. Nos ruegan ablandar la voluntad del gran dios, Corazón del Cielo, para que no los castigue ni nos castigue por despreciar sus dones. Nos tomará semanas, quizá meses, seguir los mandamientos mágicos. Esto es lo que debemos preparar: trece cántaros llenos de lágrimas recién vertidas; un tapete tejido con plumas de todos los colores del arcoiris de diez brazos de largo y de ancho, y por último, trece cántaros más con néctar de todas las flores de la selva. Con estos regalos, esperamos suavizar la ira de Corazón del Cielo para que escuche nuestras plegarias.

La noticia de los regalos que le pedían a Verde Ave pronto se difundió en toda la selva y los pájaros se reunieron en grandes bandadas, dispuestos a ayudar.

Cuando la madre de Verde Ave colocó trece cántaros en la colina más alta, todas las jóvenes tórtolas de la jungla se acercaron llorando a raudales para llenarlos.

Y cuando Diosa Serpiente colocó otros trece cántaros en la ladera de la montaña, una enorme nube de colibríes se reunió para conseguir el néctar de cada flor de la selva y lo depositaron gota a gota hasta llenarlos.

Finalmente, pericos y tucanes, grajillas y garzas, se arrancaron las plumas más hermosas con sus propios picos. Luego las tejieron en un deslumbrante tapiz, que era diez veces más grande de lo que los magos habían pedido.

Llevando todos los regalos consigo, Diosa Serpiente viajó al templo de los dioses. Se tendió boca abajo y alzó el rostro para hablar con Corazón del Cielo.

—¡Oh, Corazón del Cielo, dios de mi pueblo! ¡Aquí están los regalos que Verde Ave te ofrece para que la liberes! Trece cántaros contienen las lágrimas de las tórtolas que lloraron la desgracia de la princesa. Los otros trece cántaros están llenos del néctar más dulce y precioso. Tus aves más extraordinarias han donado sus plumas para crear un enorme tapiz, que cubre los escalones de este lugar sagrado. Libera a mi hija del castigo rabioso de su propio padre.

Mientras hablaba, las lágrimas de Diosa Serpiente fluían de sus ojos, bañándola en una alberca de agua llena de flores. En el firmamento, Corazón del Cielo, el más orgulloso de los dioses, miró a esa madre decidida a salvar a su hija. Se dio cuenta de que Diosa Serpiente no pedía nada para ella misma, como muchos otros que pedían su socorro. Corazón del Cielo decidió deshacer el hechizo, que sólo él podía dejar sin efecto.

De pronto, un relámpago cruzó el cielo. En lo profundo de la selva, Verde Ave despertó con esa luz que reverberaba. Tembló de miedo y, con cada estremecimiento, las plumas se desprendían del cuerpo de Verde Ave, que se convirtió de nuevo en mujer.

Poco después, la princesa Kesne fue proclamada como nueva reina de los zapotecos. Tidacuy, su rey, estaba a su lado. El jardín del palacio se llenó con los sonidos de aves cantoras. Todos los días, Diosa Serpiente disfrutaba como nunca sentarse en el soleado jardín a escuchar a las aves que se llamaban unas a otras, anunciando las noticias de la selva.

Blancaflor

Había una vez un hombre llamado Pedro, quien era un jugador empedernido. Durante el día trabajaba sin parar, pero por más que lo intentaba, no podía evitar apostar toda la noche. Apostaba absolutamente todo. Casi siempre perdía.

Finalmente, perdió todo lo que tenía: dinero, casa y rancho. Una noche, de camino a casa, rumiando y gruñendo, elevó sus ojos a la luna y dijo:

—Vendería mi alma al Diablo por un poco más de dinero para jugar cartas.

Inmediatamente, apareció frente a él un hombre con un manto negro, montado en un caballo que relinchaba con furia…

—Soy el Diablo —dijo—. ¿Qué deseas?

—Dinero en mi bolsillo y cinco años de buena suerte, eso es todo —replicó Pedro.

—Concedido —dijo el Diablo—. Pero en cinco años deberás ir a mi casa, donde te daré tres órdenes que debes seguir. Me encontrarás en los Llanos de Berlin en la Hacienda de Qui-quiri-quí.

Y así, desde ese momento, cada vez que apostaba, Pedro jugaba con la suerte del Diablo. Todo lo que tocaba se multiplicaba. Tenía un enorme rancho, cientos de hectáreas de tierra, miles de cabezas de ganado y todo el oro que deseaba. Pero al terminar los cinco años, sabía que tenía que enfrentarse al Diablo de nuevo y saldar sus cuentas.

Reunió provisiones y ensilló al caballo más resistente que pudo y se pusó en camino hacia los llanos de Berlin. Después de un mes de cabalgar, llegó a la orilla del mar. Divisó una aislada casita y dentro halló a un viejo ermitaño que calentaba sus huesos frente a una pequeña fogata.

—Buenos días, señor —dijo Pedro—. Busco los Llanos de Berlin y la Hacienda de Qui-quiri-quí.

—He vivido en este desierto por cien años —dijo el ermitaño—, y nunca he oído hablar de ese lugar. Pero como soy el amo de los peces del mar, los llamaré y les preguntaré cómo llegar a los Llanos de Berlin y la Hacienda de Qui-quiri-quí.

De la boca del viejo ermitaño salió un penetrante silbido y en un instante, todos los peces subieron a la superficie del agua.

—Amigos del mar, ¿dónde están los Llanos de Berlin y la Hacienda de Qui-quiri-quí? —preguntó el anciano.

Ninguno de los peces pudo contestar.

—A unos veinte días de camino de aquí vive mi hermano, que es aún más viejo que yo —dijo el ermitaño—. Seguramente él podrá ayudarte.

35

Pedro cabalgó por veinte días y finalmente llegó a la casa del hermano, en lo profundo de la selva virgen.

—Busco los Llanos de Berlin y la Hacienda de Qui-quiri-quí —dijo Pedro.

—He vivido aquí durante más de cien años —dijo el ermitaño—, y nunca he oído hablar de ese lugar. Pero como soy el amo de los animales de la tierra, los llamaré y les preguntaré cómo llegar a los Llanos de Berlin y la Hacienda de Qui-quiri-quí.

El ermitaño contuvo el aliento y, con todas sus fuerzas, lanzó un penetrante silbido. Todos los animales de la selva, de las montañas y los valles se reunieron ante su puerta. Pero ninguno de ellos pudo contestar. A la mañana siguiente, el ermitaño mandó llamar al león, su mensajero especial.

—Tenemos otro hermano, que vive en lo profundo del desierto. Tal vez pueda ayudarte.

Pedro montó el lomo del león y, aferrándose a su melena, se dirigieron al desierto para buscar al tercer y último ermitaño.

—Hola, buen hombre —dijo el anciano ermitaño, cuando llegaron hasta su

puerta—. ¿Qué te trae hasta este seco y solitario lugar?

—Busco los Llanos de Berlin y la Hacienda de Qui-quiri-quí —le respondió Pedro.

—He vivido aquí durante quinientos años —dijo el ermitaño—, y nunca he oído hablar de ese lugar. Pero como soy el amo de las aves, las llamaré y les preguntaré cómo llegar a los Llanos de Berlin y la Hacienda de Qui-quiri-quí.

Su áspero y penetrante silbido resonó en el delgado aire del desierto. Aves de todos colores y plumaje aparecieron en el acto, pero cuando las nombró y contó, notó que faltaba el águila. El ermitaño silbó una y otra vez y a la cuarta llamada, el águila aterrizó ante ellos.

—¿Sí, amo? —dijo el águila—. Oí tu llamado, pero estaba lejos, muy lejos, en los Llanos de Berlin, cerca de la Hacienda de Qui-quiri-quí.

—¡Muy bien! —exclamó el ermitaño—. Mañana, montarás en el lomo de esta reina de las aves y llegarás a tu destino.

A la mañana siguiente, Pedro sobrevoló las cimas de las montañas montado en la poderosa águila. A medida que se acercaban a la casa del Diablo, el cielo se volvía oscuro y tormentoso. Entonces el águila le dijo a Pedro que no tuviera

38

miedo, justo cuando aterrizaban. —Si sigues mis instrucciones, no tendrás nada que temer —afirmó—. Mira hacia tu derecha, hacia ese bello estanque en la distancia. Espera ahí hasta que tres palomas lleguen a bañarse. En realidad, se trata de tres hermosas muchachas. Las dos primeras llegarán juntas. No les hables. Se irán y llegará una tercera, sola. Es la más joven y la más especial de las hijas del Diablo. Su nombre es Blancaflor. Debes encontrar la manera de hablarle porque ella puede ayudarte.

Después de un rato, dos palomas aterrizaron suavemente en la orilla del estanque y, en un parpadeo, las plumas cayeron de sus cuerpos a medida que se internaban en el agua. Pedro hizo lo recomendado y se mantuvo en silencio mientras volvían a transformarse en palomas y volaban hasta las nubes. Entonces, una delicada paloma blanca aterrizó con suavidad. La paloma comenzó a cantar y sus plumas cayeron a su alrededor como pétalos de flores.

Pedro estaba hechizado por el canto y no pudo evitar acompañarla con su voz. Blancaflor lo descubrió y en lugar de sorprenderse, le sonrió ampliamente.

—Tiene usted una voz muy afinada, señor —le dijo.

En un santiamén, Pedro le contó su historia a Blancaflor, de cómo su mala fortuna se había transformado en oro y la razón por la que había venido a los Llanos de Berlin. Cabizbaja, Blancaflor comenzó a llorar. Con gran tristeza, le contó cuánta maldad había visto en su vida como hija del Diablo.

—No quiero que abusen de ti y te engañen como a todos los demás —le dijo—. Te ayudaré a salir de este atolladero con mi padre, el Diablo, y mi madre, la Diablesa. Ellos no sabrán que te ayudo porque creen que por las noches estoy encerrada en mi habitación con siete candados de hierro. Mi padre, el Diablo, y mi madre, la Diablesa, no saben que con un aliento mágico que sople sobre ellos, los candados se abren y yo puedo salir volando.

Blancaflor le dijo a Pedro exactamente qué hacer: —No aceptes nada que mi padre te ofrezca. Cuando te invite a quedarte en la casa, dile que prefieres la sucia cabañita que está junto al corral de los animales. Cuando te ofrezca deliciosos manjares, dile que prefieres comer tortillas viejas, duras y llenas de moho.

En ese preciso momento, el Diablo apareció…

—Buenos días, mi amigo. Bienvenido a nuestro hogar, ven, acompáñanos.

—No, gracias —dijo Pedro. Estaré más cómodo en la sucia cabañita junto al corral de las vacas.

—Bueno, pero ven a comer algo.

—No, gracias, señor. No estoy acostumbrado a la comida fina. Mi estómago no la soportaría. Prefiero comer tortillas duras.

—Muy bien —dijo el Diablo, pensando que Pedro era un tipo muy extraño—. Pero es mejor que comas y descanses bien, porque en tres días, te daré la primera de las tres órdenes que debes obedecer.

A la tercera noche, el Diablo apareció en la entrada de la cabaña de Pedro. Señaló con su larguirucho y afilado dedo al frente.

—He venido con mi primera orden. Mira esa montaña en la distancia. A medianoche, ve por ella y tráela, quiero que la pongas en la hacienda, en el jardín.

Pedro corrió a buscar a Blancaflor.

—¿Cómo lo haré? —gritaba—. ¡Sólo un mago podría mover esa montaña!

—Pues yo lo soy —le respondió ella. Cuando el reloj dio la medianoche, Blancaflor agitó su brazo y la montaña se desprendió. Levantó el brazo y la montaña se elevó entre las nubes y aterrizó justo al lado de la casa del Diablo.

Al amanecer, el Diablo salió de su casa y quedó estupefacto.

—Mujer, ¡lo hizo! —le gritó a la Diablesa.

—Pensaría que esto es obra de nuestra hija Blancaflor, pero es imposible. Ella estuvo encerrada en su habitación toda la noche. Las siete llaves que llevo colgadas en la cintura no han sido tocadas.

Entonces el Diablo regresó con Pedro y le dijo:

—Prepárate para mi segunda orden. Me apetece mucho darme un baño al levantarme de la cama. Esta noche traerás el estanque que está junto al maizal, aquí a mi casa. Quiero remojar los pies en el agua en cuanto me despierte mañana. Usa esta canasta para transportarlo —dijo, con una feroz carcajada—.

Pedro creyó que esa era una misión realmente imposible y corrió a buscar a Blancaflor para declararse derrotado.

—Tranquilo, amigo mío. No te preocupes, yo lo haré por ti.

Esa noche, mientras todos dormían, Blancaflor fue hasta el estanque, y con su larga falda, barrió el agua hasta dejarla al lado de la cama de su padre.

Cuando el Diablo despertó, se quedó sin aliento al encontrar el agua burbujeante al lado de su cama.

—¡Mujer! —llamó a su esposa— ¡Trajo el estanque hasta nuestra alcoba!

—Si no fuera porque confío en los siete candados y sus llaves…—dijo la Diablesa— …diría que esto es obra de Blancaflor.

La siguiente orden del Diablo fue que Pedro montara en un caballo que no había sido domado.

—Eso lo puedo hacer sin tu ayuda —le dijo Pedro a Blancaflor.

Ella se rió tanto que se cayó de su silla. —No, no sabes lo que dices. Por supuesto, necesitarás mi ayuda. ¡El caballo en cuestión no es un simple animal, sino el mismo Diablo! Esto es lo que debes hacer. Cuando llegues al establo, encontrarás unas espuelas, una silla de montar y una brida, colgados de unos ganchos. Dale una patada

a las espuelas y aléjalas lo más posible de ti, porque son mis dos hermanas. No toques la silla de montar, porque es mi madre. Y ten cuidado con la brida, porque soy yo. Toma el gran garrote que verás en un rincón, y cada vez que el caballo se encabrite y salte, golpéalo en la cabeza con todas tus fuerzas. El garrote es mágico.

Pedro nunca había montado un caballo sin espuelas, pero las sacó del establo de una patada en cuanto entró. Trazó un gran círculo alrededor de la silla de montar y la brida, asegurándose de no tocarlas. Y en cuanto al caballo, por supuesto, se encabritó y saltó endemoniadamente. Pedro se aferró a su lomo y lo golpeó una y otra vez con el garrote. Después de tres horas, un desgreñado y sudoroso animal fue conducido de nuevo al establo y Pedro se dirigió a la hacienda a buscar al Diablo.

—Mi amo está en cama, lo golpearon en la cabeza —le dijo un sirviente—. Se reunirá con usted más tarde.

—Ahora mi padre debe estar muy, muy enojado —dijo Blancaflor—. Debemos escapar de inmediato—. Abrió los siete candados de su habitación como sólo ella sabía hacerlo, tomó algunas de sus pertenencias y escupió tres veces en el suelo. Ella y Pedro montaron en su caballo y galoparon veloces como el viento.

La Diablesa fue la primera en sospechar. Corrió a la alcoba de Blancaflor y la llamó a gritos.

—Buenos días, madre —contestaron las tres gotas de saliva que habían salido de la boca de Blancaflor.

Cuando su hija menor no apareció a la hora de la comida, su madre fue a llamarla de nuevo:

—Buenas tardes, madre. No me siento bien —contestaron los escupitajos, con voz debilitada, pues estaban casi secos.

Cuando la muchacha no apareció a la hora de la merienda, su madre corrió a la habitación y gritó: —Blancaflor, sal de ahí inmediatamente.

—Buenas noches, madre. Estoy enferma—, susurró la saliva, que se había secado casi por completo.

La Diablesa tomó las llaves de su cinturón, abrió los siete candados y entró en el cuarto, que estaba a oscuras. Blancaflor se había ido.

Dándose cuenta de lo ocurrido, la Diablesa se enfureció y corrió con el Diablo.

—¡Apúrate! Vamos tras ellos.

Montaron en sus caballos y cabalgaron hacia los llanos. En la distancia, lograron ver a sus víctimas. Los Diablos estaban a punto de alcanzarlos, pues Pedro y Blancaflor montaban el mismo caballo, que ya estaba muy, muy cansado.

Cuando vio que sus padres estaban a punto de atraparlos, Blancaflor buscó en su morral y sacó su cepillo. Lo lanzó sobre su hombro y en cuanto tocó tierra, se convirtió en un matorral espinoso. Pero el Diablo pudo atravesarlo y estuvo a punto de emparejarlos. En ese momento, Blancaflor buscó en su morral, sacó su espejo y lo arrojó al suelo, donde instantáneamente se transformó en un gran lago. El Diablo y su esposa tuvieron que dejar sus caballos en la orilla y nadar para alcanzar a su hija.

El Diablo quedó exhausto y se acostó a descansar, pero su mujer lo apresuró. Pronto llegaron a la casa de un viejecito que tomaba el sol en la entrada.

—Buenos días, señor, ¿ha visto a un hombre y una mujer cabalgando por aquí? —preguntó ella.

—Melones y sandías —contestó él.

La Diablesa se puso roja de coraje. —Le pregunté que si ha visto a una pareja montada en un caballo el día de hoy —gruñó.

—Elotes y calabazas —respondió el viejo, pues Blancaflor lo había hechizado para que de su boca no salieran más que palabras sin sentido.

Finalmente la Diablesa, empapada hasta los huesos y más cansada que nunca, se rindió y abandonó la búsqueda.

Pedro y Blancaflor almorzaron del otro lado del lago.

—Mi pueblo está muy cerca de aquí —dijo él—. Iré a casa para contarle a todo el mundo que vivirás conmigo y luego vendré por ti.

—¡Qué bien! Me parece maravilloso —dijo Blancaflor—. Pero te advierto que no debes besar ni abrazar a nadie. Si lo haces, te olvidarás de mí. Es la maldición por ser hija del Diablo.

Pedro llegó a su pueblo. Se negó a besar a su propia madre, aunque ella estaba loca de alegría de verlo. No besó a sus hermanas, que corrieron hacia él llenas de emoción. Pero cuando su anciana abuela se acercó y le abrió los brazos, su corazón se derritió de ternura y olvidó la promesa que le había hecho a Blancaflor. En cuanto los brazos de la abuela lo rodearon, Blancaflor se borró de su memoria.

Pobre Blancaflor. Esperó hasta el atardecer y luego se quedó dormida a un lado del camino. Cuando se despertó a la mañana siguiente, se dio cuenta de que la maldición del Diablo la había alcanzado.

¿Qué podía hacer? La muchacha se sentó a la sombra de un mangle y pensó y pensó. Los habitantes del pueblo la encontraron y le ofrecieron de comer. Todos se preguntaban quién era esa bella muchacha y de dónde había venido, pero pronto se ocuparon de sus asuntos y también olvidaron a Blancaflor.

Tres días más tarde, sólo había una cosa en la mente de los aldeanos. ¡La gran fiesta para festejar el regreso de Pedro! Todos los habitantes del pueblo estaban invitados. Entre los invitados que llegaban a la casa de la familia del joven, estaba una bella muchacha, que llevaba una bandeja de plata con dos palomas.

Pedro observó admirado a la joven, pero luego se distrajo saludando a sus

amigos. La muchacha se acercó a él y dijo: —Palomitas, cuenten la historia de Blancaflor y la promesa olvidada.

Todos prestaron atención a las aves que piaban y gorjeaban. Por supuesto, las palomas eran mágicas y pronto contaron la historia del Diablo, la Diablesa, el estanque, el caballo, el cepillo, las gotas de saliva y todas las aventuras de Pedro y Blancaflor. Pedro tenía los ojos desorbitados de sorpresa y dijo: —Gracias, es una bonita historia, pero no es la mía y debo volver a atender a mis invitados.

Entonces la muchacha sonrió y comenzó a cantar. En un instante, los ojos de Pedro se empañaron de emoción y comenzó a recordar el estanque, el par de palomas que llegó primero y a la hermosa Blancaflor, que se había transformado de paloma en su salvadora mágica.

—¡Blancaflor! —gritó—, reconociéndola en el acto.

Cayó de rodillas y le pidió perdón. —No es necesario que supliques —dijo ella—, pero me gustaría casarme contigo.

Pronto se celebró la boda de Pedro y Blancaflor y vivieron felices por siempre. Pedro nunca volvió a apostar. A él y a su esposa les gustaba cantar a dúo, cuando trabajaban y cuando descansaban. ¿Y sabes qué? Algunas veces, cuando Blancaflor quería algo con todas sus fuerzas, usaba sus poderes mágicos para conseguirlo. Después de todo, ¡era la hija del Diablo y había aprendido algunos trucos muy, muy especiales!

La Virgen de Guadalupe

La leyenda de Nuestra Señora de Guadalupe comenzó hace mucho tiempo, en el año 1531. Un día, justo al amanecer, un pobre hombre llamado Juan Diego salió de su casa para ir a la iglesia. Apenas estaba aprendiendo a ser cristiano, era algo nuevo para él. Antes de la conquista de los españoles, los indígenas practicaban su propia religión con muchos y poderosos dioses y diosas. Pero los españoles le prohibieron a los indios seguir practicándola y destruyeron todos los templos aztecas.

Por eso, cuando Juan Diego se arrodillaba en la iglesia y se sentía un poco extraño, siempre añadía una plegaria especial y muy suya.

—Por favor —pedía—, somos extraños para ti. Apenas estamos aprendiendo esta fe. Ayúdanos a encontrar nuestro camino.

En aquella mañana de diciembre, como siempre, Juan Diego pasaba por el árido cerro del Tepeyac, en el que nada crecía, salvo arbustos resecos y cactos espinosos. Desperdigadas por todas partes estaban las piedras que alguna vez habían formado parte del Templo de Tonantzin, Madre del Maíz y de la Tierra. Al cruzar el área más desierta de la ladera del cerro, se quedó sorprendido al oír en su dirección una bella música, cuyas nota hacían eco en las colinas y valles.

—¿Estoy soñando? ¿Estoy caminando dormido? Nuestros ancestros hablaban de

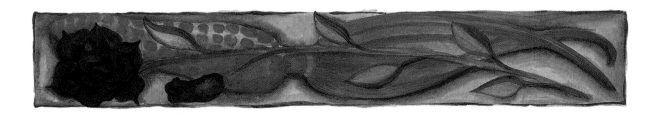

una tierra celestial llena de música y flores. ¿Estaré ahí? —se preguntaba Juan Diego.

Automáticamente se persignó, pues había aprendido a hacerlo, y los cantos se volvieron más suaves. Entonces oyó una voz que lo llamaba…

—Juanito, Juan Dieguito…

Tembló de miedo, pero se obligó a poner un pie delante del otro y subir por el cerro.

Cuando llegó a la cumbre, se quedó maravillado. Sobre el cerro del Tepeyac había un arco de luz que irradiaba todos los colores imaginables. En su centro estaba una mujer morena, vestida con fluidas prendas. Su rostro estaba rodeado por un rebozo tejido con hilos de oro. Y el brillo de la luz que la rodeaba atravesaba el peñasco en el que estaba parada y resplandecía como fuego.

—Hijo mío —susurró— ¡Acércate!

Juan Diego se acercó y cayó de rodillas, pues sabía que ella era la Santa Virgen.

—¿Juanito, a dónde vas?

—Oh, Madre —respondió—, voy a tu casa, la iglesia de Tlatelolco. Los curas ahí nos enseñan sobre tu religión.

—Escucha con atención, hijo mío —dijo ella—, soy la Virgen, Santa María, dadora de vida, creadora y primera madre. Ve ante el arzobispo y dile que quiero que se construya una iglesia para mí en este cerro del Tepeyac. Una vez que lo construyan, protegeré al pueblo de México para siempre—. De pronto, el arco de luz redujo su intensidad y se desvaneció. En un instante, la Virgen desapareció.

Juan Diego se dirigió a la ciudad de México a pedir audiencia con el arzobispo Fray Juan de Zumárraga. A medida que el día avanzaba, se sentía cada vez más asustado. ¿Cómo podría un hombre pobre ser recibido por el arzobispo? ¿Y si no le creía su historia? ¿Hablaría el arzobispo su lengua, el náhuatl?

Juan Diego estaba lo suficientemente asustado para dar marcha atrás, pero cada vez que pensaba en hacerlo, la luz de la Virgen aparecía en el sendero delante de él.

Finalmente, llegó al palacio del arzobispado en la ciudad de México y tímidamente se acercó a la entrada. Los guardias miraron su rostro cansado y su ropa vieja.

—¡Vete! ¡Fuera de aquí, mendigo! —le gritaron—. Éste es un lugar importante.

Juan Diego no se movió.

—He venido a ver al arzobispo, tengo que darle un mensaje importante.

Los soldados se burlaron de él.

—¿Y qué cosa importante tendría que decirle un mendigo al arzobispo? —Se dieron palmadas en la espalda y volvieron a reír.

Juan Diego no se movió y repitió una y otra vez:

—Debo ver al arzobispo. He venido desde el Tepeyac.

Estuvo ahí toda la tarde y la noche. Los guardias le dieron un poco de agua para beber y muy pronto se quedó dormido en la entrada. Finalmente, a la mañana siguiente, fue admitido en palacio, donde de nuevo tuvo que esperar horas y horas, hasta que el religioso apareció.

Juan Diego le contó su historia.

—…Y ella quiere que su iglesia se construya en el cerro del Tepeyac —dijo, con fuerza y seguridad en la voz.

El arzobispo le sonrió al pobre campesino. Había aprendido mucho sobre su religión y con mucha rapidez.

—Tienes que volver a verme otro día —dijo.

El camino de regreso fue muy difícil. Sintió que le había fallado a la virgen y también al pueblo de México.

Al llegar al cerro del Tepeyac, al atardecer, escuchó de nuevo la música celestial. Entonces, la Virgen apareció por segunda vez frente a él.

—Madrecita, te he fallado —lloraba Juan Diego—. El arzobispo creyó que estaba inventando una historia. No soy digno de ti.

50

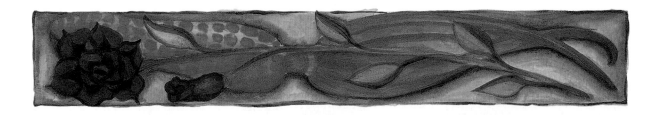

—No, Juanito. Tú eres el mensajero que elegí.

—¿Qué puedo hacer?

—Quiero que regreses ante él y repitas la petición de construir un templo en este cerro en mi honor. Vuelve a decírselo.

Juan Diego, lleno de determinación, se encaminó a la ciudad de México. Pero se encontró con los mismos crueles guardias en la puerta del palacio.

—¿Qué quieres? ¿Molestar a su señoría otra vez? ¡Vete de aquí! —gritaron.

—Pero debo hablar con él. Esta vez me creerá, estoy seguro.

Juan Diego y los guardias discutieron durante una hora hasta que el propio obispo oyó sus gritos y quiso ver qué sucedía.

De nuevo, Juan contó la historia. Y de nuevo, el religioso quedó impresionado con su profunda y auténtica fe, pero esta vez pensó que tal vez se estaba dejando llevar por ella en exceso. No quería desalentarlo —era un excelente ejemplo— así que le dijo:

—Debes traerme una señal milagrosa para probar tu historia, mi querido Juan. Por favor espera a que suceda un milagro antes de volver aquí.

"Eso lo mantendrá tranquilo en su casa, donde debe estar" pensó el arzobispo.

Juan Diego retornó como pudo al cerro del Tepeyac. Ahí, una vez más, la Virgen apareció ante él. Le dijo que el religioso no estaba convencido y que le había pedido una prueba antes de volver a verlo. La Virgen sonrió y dijo: —Si regresas aquí mañana al amanecer, como el día en que me viste por primera vez, te daré algo que hará que él te crea sin que le quepa duda alguna.

Juan Diego apenas durmió esa noche. No podía esperar a dejar atrás a esos guardias y lograr el respeto del eclesiástico. Pero cuando despertó a la mañana siguiente, recibió una terrible noticia. Su tío más anciano, que dependía de él, estaba muy, muy enfermo, ardiendo en fiebre. A medida que avanzó el día, su tío estaba cada vez más débil, y cuando estaba a punto de morir, Juan se dirigió a una iglesia en la plaza de Tlatelolco para buscar a un cura que escuchara la última confesión de su tío. Temía encontrarse con la Virgen, pues eso lo retrasaría, así que tomó una ruta que le evitaría pasar por el cerro del Tepeyac.

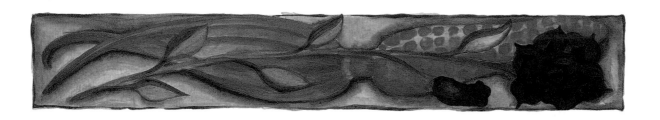

51

Justo cuando iba a llegar a la iglesia, vio a la Virgen. Se sentía muy culpable por no obedecer sus órdenes y cayó de rodillas para suplicar su perdón.

—Juanito, no sólo estás perdonado por tu bondad, sino que haré que tu tío recobre la salud —dijo ella—. Ahora ve al cerro y tráeme todas las rosas que puedas envueltas en tu tilma.

La cabeza de Juan Diego daba vueltas, pues las rosas nunca crecían en diciembre. Pero cuando llegó a la cima, encontró un jardín de bellísimas rosas brotando por todas partes, entre los arbustos. Reunió tantas como pudo, las envolvió en los pliegues de su manto y corrió a encontrarse con la Virgen.

Ella tomó la tilma en sus brazos y la bendijo. Le dijo a Juan Diego que llevara las flores al religioso, pero que se asegurara de que nadie abriera la tilma para verlas.

La Virgen de Guadalupe

—Y vuelve a decirle al arzobispo que la Virgen de Guadalupe cuidará de los indígenas de México por siempre.

Juan emprendió el camino por tercera ocasión. Pero cuando apenas había dado unos cuantos pasos, escuchó un extraño sonido, como el de agua que corre. Al volverse, vio que aunque la Virgen había desaparecido, en el punto exacto donde había estado, un arroyuelo de agua clara había brotado de la tierra. Armado de nuevos ánimos y esperanza, Juan se apresuró a llegar al palacio.

Los guardias le advirtieron que era su última oportunidad de ver al arzobispo.

—Si te volvemos a ver por aquí, pasarás unos meses en prisión, hablándole a la Virgen —le advirtieron.

Cara a cara con el hombre de la iglesia, Juan comenzó a hablar con voz temblorosa.

La Virgen de Guadalupe

—Señor, la Santa Virgen, nuestra Gran Madre, volvió a aparecer ante mí y me indicó que fuera a recoger rosas en el cerro del Tepeyac, donde nunca antes han crecido y que las guardara envueltas en mi tilma. Me prometió que serían la prueba de su visita y de su deseo de que se construya un templo dedicado a ella, la Virgen de Guadalupe.

—Veamos tus rosas, hijo mío —dijo el prelado, preguntándose qué hacer con el confundido campesino que tenía delante.

Cuando Juan Diego abrió su tilma, tanto él como el arzobispo se quedaron sin aliento. Cayeron de rodillas para rezar, pues en la burda manta desplegada se veía la imagen completa de la Virgen morena. Sus ojos, su rostro y su manto resplandecían en el tejido como si ella misma estuviera presente.

El religioso sabía que estaba en presencia de un milagro.

Primero, colocó la tilma sagrada en una pequeña capilla de la iglesia. Ése fue sólo el comienzo. Al día siguiente, acompañado por todos los sacerdotes de la ciudad de México, visitó al tío de Juan Diego y presenció su milagrosa cura de la enfermedad que había estado a punto de matarlo.

Entonces, una larga procesión encabezada por Juan Diego subió al cerro del Tepeyac. Llegaron al punto en el que la Virgen se había aparecido por primera vez, donde ahora brotaba un arroyo. El arzobispo y todos los sacerdotes se arrodillaron y le rezaron a la Virgen. Le prometieron que se construiría una iglesia en ese lugar, tal como ella lo había solicitado.

En cuanto a Juan Diego, no se quedó en su pequeño poblado. Pasó el resto de su vida en una casita de adobe junto a la capilla de la Virgen en el Tepeyac. Desde entonces, cuidó celosamente la imagen de la Virgen estampada en su tilma, ahora en exhibición en un altar especial en la capilla.

Pronto, la noticia del milagro se difundió por todo México. Grandes multitudes llegaban al cerro y quedaban maravilladas al ver la imagen sagrada.

Ahora, cada diciembre, los peregrinos viajan desde todos los puntos del país para visitar el cerro del Tepeyac, donde actualmente se erige un enorme templo, llamado Basílica de Nuestra Señora de Guadalupe. Hay procesiones y danzas. Se

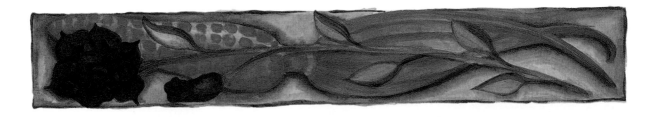

encienden fuegos artificiales y las campanas de las cinco en punto anuncian la celebración de la primera misa.

Entonces, todos entran a la basílica cubierta de flores como ofrenda a la Virgen. Ese día, todos en México —ricos y pobres, jóvenes y viejos— se sienten especialmente reconfortados y protegidos por el espíritu de Nuestra Señora de Guadalupe. Después de todo, prometió que cuidaría de todos, hace mucho tiempo, cuando apareció por primera vez ante Juan Diego en el árido cerro del Tepeyac.

Malintzin de la Montaña

Malintzin era una mujer que podía hablar en muchas, muchas lenguas. Y era muy bella. Era una princesa azteca de nacimiento. Pero una vez, cuando los poderosos aztecas fueron vencidos en batalla y su padre perdió todas sus tierras, fue vendida como esclava. Sus dueños eran tabasqueños, hombres que comerciaban por todo México.

Cuando se convirtió en esclava, Malintzin sintió que su vida se terminaba. Lo había perdido todo. Pero estaba llena de fuerza. A pesar de su gran tristeza, se dedicó a aprender varias lenguas —náhuatl, mixteco y maya— de sus dueños que había viajado a muchos lugares. Aprendió todo lo que pudo, nunca olvidaba que era una princesa y soñaba con volver a ser libre.

Cuando los españoles llegaron a México con sus caballos galopantes y armaduras relucientes, Malintzin se quedó pasmada. Nunca había visto barcos con velas que ondeaban al viento. Nunca había visto cascos y armaduras brillando al sol. ¿Y sus rostros color de rosa y sus largas barbas? ¿Quiénes eran esos hombres? Todos los indígenas estaban muy asustados.

Pero no Malinztin. Ella era hija de reyes. Los tratantes la vendieron como sirvienta al jefe de los españoles, Hernán Cortés, quien estaba decidido a conquistar todo México como premio para sus propios gobernantes, los reyes de España.

Poco después, trabajando al lado de Cortés y sus hombres, Malintzin aprendió una lengua más, el español, el idioma de los extraños visitantes y pronto pudo entender todo lo que decían. Cortés se dio cuenta de lo inteligente que era Malintzin. Comenzó a pedirle consejo acerca del territorio y las costumbres del nuevo continente que estaba explorando y la recompensó con alabanzas y regalos por su trabajo como guía.

Pero después de trabajar con Cortés durante muchos meses, algo extraño le sucedió a Malintzin. Decidió ayudarle a conquistar a los aztecas, ¡su propio pueblo! ¿Cómo pudo hacer eso?

Algunos dicen que Malintzin se enamoró de Cortés, que lo amaba tanto, que trataba de ayudarlo en todo lo posible. Otros argumentan que como ella nació siendo princesa y lo había perdido todo, fue lo suficientemente lista para reconocer la oportunidad de recobrar su derecho de nacimiento de poder y comodidades. Otros más dicen que como Malinztin esperaba que Cortés conquistara a los aztecas, quería influir en él y hacerlo un gobernante más justo. Nadie lo sabe con certeza. Lo que sí sabemos es que en ese tiempo, el rey azteca era Moctezuma, un poderoso gobernante cuyos deseos eran inmediatamente obedecidos. Moctezuma construyó

57

monumentos en piedra a lo largo de su reinado y los decoró con oro, jade y joyas preciosas.

Un día, un mensajero llegó a la corte azteca para anunciar que unos extraños habían llegado transportados en dos pirámides flotantes y que marchaban hacia la ciudad de Tenochtitlán, hacia el trono de Moctezuma. De inmediato, Moctezuma tuvo una visión. En su mente, vio al gran espíritu del dios Quetzalcóatl que regresaba para salvar a su pueblo. Después de todo, los aztecas creían que Quetzalcóatl volvería con un rostro blanco y larga barba. Y se sabía que Quetzalcóatl había enterrado su tesoro en las montañas. Seguramente ahora lo reclamaría.

Moctezuma mandó llamar a sus más veloces mensajeros, los hizo cargar con las más finas joyas y oro, y se preparó para la llegada del espíritu de Quetzalcóatl.

Hernán Cortés presidió la marcha española de caballos y estandartes en su entrada a Tenochtitlán y a su lado estaba Malintzin. Cuando llegaron a la ciudad, sólo ella pudo hacerle preguntas a Moctezuma y sólo ella pudo entender las respuestas. Sonrió al ver los regalos que Moctezuma le presentaba a Cortés y sus hombres: collares, pectorales de oro y coronas de flores para sus cabezas. Malintzin convenció a Moctezuma y a toda la nobleza azteca de que le dieran a Cortés todo lo que pidiera. ¡Todo! Oro, joyas, plumas finas ¡y chocolate! Ayudó a Cortés a engañar a los aztecas para que le entregaran todas sus riquezas.

Malintzin no se dio cuenta de lo cruel que era Cortés durante mucho tiempo. Él y sus hombres nunca estaban satisfechos con los regalos que recibían. Eran insaciables. Todo el mundo sabe que los conquistadores son codiciosos. Querían ser los reyes de México y que todos los mexicanos trabajaran para ellos. Odiaban la religión y las costumbres de los aztecas. Cuando Moctezuma finalmente se dio cuenta de que Hernán Cortés era un desalmado invasor de una tierra extraña, y no Quetzalcóatl, su espíritu se quebró.

Poco después, los aztecas se negaron a aceptar las crecientes demandas de los conquistadores. Los españoles, que poseían caballos y armas de fuego, aprisionaron a los aztecas, incluyendo a Moctezuma. Forzaron a los nobles mexicanos a revelar dónde estaban sus tesoros. Mataron a todos los que se negaron a hacerlo.

Lentamente, Malintzin abrió los ojos a la crueldad de Cortés. Se dio cuenta de que el español habría hecho cualquier cosa por tener más oro. Sintió que había traicionado al pueblo de México. Lloró y lloró sin parar, hasta que se formó un río a su alrededor y Malintzin flotó alejándose de Cortés y de su palacio.

Después de un rato de flotar sola, sopló un fuerte viento que la depositó en la cima de una montaña, llamada Texocotepec, el cerro de los tejocotes. La montaña tenía fuego en su interior y tenía muchas cuevas. Malintzin vivía en lo más profundo de una de ellas. Todas las noches lloraba a mares y se arrancaba sus largos cabellos negros. Sus lamentos se escuchaban en el viento. Lloraba por todas las cosas terribles que el pueblo mexicano había soportado desde que los españoles llegaron.

Malintzin vivía con los Nahuaques, quienes tenían el poder de hacer que lloviera para que las plantas crecieran. A veces los Nahuaques se cansaban, se fastidiaban y retenían las lluvias. Con el tiempo Malintzin aprendió a contentarlos. Dentro de las cuevas de los Nahuaques crecían muchas plantitas —calabazas, jitomates y maíz tierno—, Malintzin aprendió a hacer listones con las hojas de los elotes y ataba moños amarillos, blancos y rojizos en los tallos de esas plantas. Los moños hacían muy felices a los Nahuaques. Les encantaban los moños. Cuando veían los moños de cintas multicolores en las plantas comenzaban a sonreír y finalmente mandaban nubes de lluvia sobre Texocotepec.

Malintzin sintió que finalmente tenía un hogar y los Nahuaques la tenían encantada. Desde el alba hasta el atardecer, mientras había luz, era muy feliz. Cada día, a las doce, cuando el sol estaba más reluciente

59

y la cumbre de las montañas brillaba como oro, los Nahuaques traían sus cornetas doradas y tambores gigantes y marchaban alrededor de la cima de Texocotepec. Malintzin se unía al desfile, calentándose al sol.

Un día, un general con muchos soldados llegó muy cerca del cerro. El militar trató de conquistar a la gente que vivía en pueblos en la base del cerro.

Hizo que todos los hombres, mujeres y niños de la región trabajaran día y noche para él. Los trataba como esclavos. Un día se fue, atusándose con soberbia su gran bigote negro.

¡Pero no fue lo suficientemente rápido! Mientras se alejaba de Texocotepec, un rayo bajó del cerro y lo alcanzó. El general desapareció en medio de una pequeña humareda.

¿Cómo sucedió eso? Dicen que desde el valle, la gente vio a una gran mujer cubierta con joyas sentada justo donde el rayo había caído. Estaba trenzando su larga cabellera, pero no había lágrimas en sus ojos, sino una sonrisa. Y la montaña se estremeció de risa.

Dicen que ahora Malintzin es una enorme mujer que luce decenas de collares de coral, jade y ámbar que los Nahuaques le han dado. Y cuando hay un problema en alguna parte de México, cuando la gente se levanta para luchar por sus derechos, Malintzin llama a los Nahuaques, que soplan las cornetas con gran intensidad y redoblan en sus tambores doblemente fuerte. Su música le da valentía y esperanza a los que luchan por la justicia.

Todavía, cuando los mexicanos sufren, Malintzin se pone muy triste, llora y llora. Y si los Nahuaques están enojados y no dejan caer la lluvia que alimenta el campo, siempre hay una alfombra de flores multicolores al pie del cerro de Texocotepec. Las flores siempre encuentran agua que beber en el estanque de las eternas lágrimas de Malintzin.

Fuentes

¿No estoy aquí, tu madre?

El poema de la portadilla fue tomado de la introducción escrita por Ana Castillo, de *Goddess of the Americas; la Diosa de las Américas: writings on the Virgin of Guadalupe* editado por Ana Castillo, reproducido con autorización del editor, Riverhead Books, una división de Penguin Putnam, Inc.

Rosha y el Sol

Encontré este relato en la colección de una biblioteca en San Miguel de Allende, Guanajuato, México. La colección fue compilada por Ermilo Abreu Gómez y se titula *Cuentos y leyendas del antiguo Yucatán* (Editorial Dante, Mérida, Yucatán, 1993). Hay excelentes publicaciones sobre la mitología maya, por ejemplo, *Mayan Folktales: Folklore from Lake Atitlan, Guatemala*, de James D. Sexton (Anchor Books, Doubleday Co., Nueva York, 1992), *The People of the Bat*, recopilado y traducido por Robert M. Laughlin y editado por Carol Karasik (Smithsonian Institution Press, Washington D. C., 1988), y *Aztec and Maya Myths* de Karl Taube (British Museum Press, London, 1993).

La diosa hambrienta

La historia de la Diosa Hambrienta es un relato fundacional azteca que representa la característica unión de la vida y la muerte en la mitología mexicana. Encontré distintas versiones de este cuento en "The Great Earth Monster" en *Mexican and Central American Mythology* de Irene Hamlyn (Paul Hamlyn, Londres, 1967), el ya mencionado *Aztec and Maya Myths* de Karl Taube y *The Hungry Woman: Myths and Legends of the Aztecs* de John Bierhorst (William Morrow, Nueva York, 1984).

La leyenda de Tangu Yuh

Encontré esta leyenda en *Treasury of Mexican Folkways* de Francis Toor (Crown Publishers, Nueva York, 1947). Otra leyenda que también habla del origen de los festivales es "The Origin of Music" en el antes mencionado *The Hungry Woman* de John Bierhorst. La cultura de Tehuantepec está particularmente bien descrita en *Mexico South, The Isthmus of Tehuantepec* (A. A. Knopf, Nueva York, 1946), y en un video documental, producido y dirigido por Ellen Osborne y Maureen Gosling, titulado *A Skirt Full of Butterflies* (Film Arts Foundation, San Francisco, California, 1995).

Por qué la Luna es libre

La única versión que encontré de este cuento está en *Yaqui Myths and Legends* de Ruth Warner Giddings (University of Arizona, Anthropological Papers, Tucson, Arizona, 1959). Sin embargo, me familiaricé con las ideas y creencias de los yaqui leyendo, en particular, *The Mythology of Mexico and Central America* de John Bierhorst (William Morrow, Nueva York, 1990) y *Mexican Folkways* de Francis Toor (Crown Publishers, Nueva York, 1947).

Verde Ave

Mi historia de Verde Ave está basada más cercanamente en una versión grabada que encontré en una publicación mientras visitaba Oaxaca, México en 1995. La publicación es *Myth and Magic: Oaxaca Past and Present*, editada por el Palo Alto Cultural Center de Palo Alto, California. La

Fuentes

historia de una persona transformada en ave es un tema frecuente en el folclor mexicano. Otras versiones incluyen "The Bird Bride" y "Lord Sun's Bride" en The Monkey's Haircut de John Bierhorst (William Morrow & Co., Nueva York, 1986), y "Marikita the Lovely" en Two Guadalupes de Marta Weigle (Atlantic City Press, Santa Fe, Nuevo Mexico, 1987).

Blancaflor

Se trata de un relato tradicional que se cuenta con frecuencia para ilustrar el poder y los alcances de la mujer. Mis fuentes incluyen *Magic Moments* o *Momentos mágicos* de Olga Loya, con texto bilingüe (August House, Little Rock, Arkansas, 1997), *Mexican Folktales from the Borderland* de Riley Aikens (Southern Methodist University Press, Dallas, Tejas, 1980) y *Folktales of Mexico* de Américo Paredes (University of Chicago Press, Chicago, 1970).

Una versión ligeramente distinta de la misma historia es "Rosalie" en el ya mencionado *The Monkey's Haircut* de John Bierhorst.

La Virgen de Guadalupe

La leyenda de la Virgen de Guadalupe está en el corazón de la cultura mexicana. He utilizado numerosas versiones para mi narración: *Legends from Mexico* o *Leyendas de México* de Genevieve Barlow y William N. Stivers, una edición bilingüe (National Textbook Company, Lincolwood, Chicago, 1995), *Folktales of Mexico* de Américo Paredes (ver arriba), *Of the Night Wind's Telling* de E. Adams Davis (University of Oklahoma Press, Norman, Oklahoma, 1946), *Magic Moments* o *Momentos mágicos* de Olga Loya, con texto bilingüe (ver arriba), *Guadalupe, Our Lady of New Mexico* de Jacqueline Orsini Dunnington (Museum of New Mexico Press, Santa Fe, Nuevo México, 1999) y *Goddess of the Americas; La Diosa de las Américas* de Ana Castillo (Riverhead Books, Nueva York, 1996).

Malintzin de la montaña

Malintzin es una mujer que provoca controversia en la historia mexicana. Algunos la odian por haber traicionado a su pueblo y otros comprenden cómo una mujer de su época pudo haber errado en su juicio. Así como Moctezuma, el gran emperador azteca, pensó que Cortés era un redentor en vez de un opresor, Malintzin se enamoró del militar español, sólo para descubrir más tarde su crueldad. Esta versión encontrada en *The Boy Who Could Do Anything & Other Mexican Folk Tales* de Anita Brenner (William R. Scott, Inc., Nueva York, 1946), habla del arrepentimiento de Malintzin por sus errores y de su dedicación a su pueblo desde entonces.

Descubrí la leyenda de Malintzin cuando Marie Brenner me dijo que su tía, Anita Brenner, había grabado cuentos tradicionales mexicanos en los años cuarenta y pude encontrar una edición de esta antología. La historia de Malintzin también es contada por John Bierhorst en *The Hungry Woman* (ver arriba) y en *The Discovery and Conquest of Mexico, 1517-1521* de Bernal Díaz del Castillo (Maudslay, A. P., ed., Harper & Brothers, Nueva York y Londres, 1928). Una completa perspectiva de su posición en la cultura es ofrecida por Sandra Messinger Cypess en *La Malinche in Mexican Literature: From History to Myth* (University of Texas Press, Autin, Tejas, 1991).

Glosario

Barullo: desorden, confusión, mezcla de gente o cosas de varias clases.

Caléndula: planta herbácea que brota cada año. También se conoce como maravilla.

Cempasúchil: del náhuatl *cempoalli*, veinte, y *xóchitl*, flor. Planta originaria de México, con flores amarilla o anaranjadas, con olor fuerte, que tiene usos medicinales. Brota principalmente a   principios de invierno.

Colibrí: ave originaria de América, pequeña y con pico largo y fino. Vuela haciendo vibrar las alas a gran velocidad.

Enagua: prenda de vestir para mujer que su utiliza debajo de la falda.

Guajolote: del náhuatl *huexolotl*. Pavo

Hacienda: rancho, finca con animales y sembradíos.

Huipil: del náhuatl *huipilli*. Especie de blusa o falda adornada que usan las mujeres indígenas.

Holán: lienzo de tela o volante en prendas de vestir.

Jade: piedra muy dura, semitransparente de color blanco o verde con manchas, suele hallarse entre las rocas. Muchas de las herramientas prehistóricas están hechas de este mineral.

Jícara: del náhuatl *xicalli*. Vasija pequeña de madera, ordinariamente hecha de la corteza del fruto de la güira o de loza, que suele emplearse para tomar chocolate u otros alimentos.

Maizal: terrenos sembrados con maíz.

Mangle: arbusto de tres a cuatro metros de altura, cuyas ramas, largas y extendidas. Crece en los países tropicales, y las hojas, frutos y corteza se emplean en utensilios.

Rebozo: capa o manto de colores brillantes que usan las mujeres.

Telar: máquina para tejer. Fábrica de tejidos.

Tilma: manta o sarape de algodón o lana. Derivado de la palabra náhuatl *tilmatli* que significa manta rala. Cuando esa manta se halla tejida con ixtle, o fibra de maguey, se le denomina áyatl o ayate.

Tórtola: ave silvestre de unos tres decímetros de longitud desde el pico hasta la terminación de la cola. Tiene plumaje gris cenizo, pico agudo negruzco y pies rojizos.

ESTADOS

M É X
SIERRA MADRE OCCIDENTAL
YAQUIS

BAJA CALIFORNIA

Golfo de California

MESETA

MEXICANA

León

Guadalajara

N

SIERRA

Océano Pacífico